Meisterdetektive

MACH 10!

Rätseln, Üben, Knobeln

Dudenverlag
Berlin

Hallo Rätselfan,

Mach 10! ist der Rätselspaß aus dem Dudenverlag.
Es warten spannende Knobeleien aus den Bereichen Deutsch,
Mathe und Englisch auf dich. Jede Aufgabe besteht aus
zehn Übungen. Hast du sie gelöst, darfst du die Seite im
Inhaltsverzeichnis abhaken und zur Belohnung einen Sticker
auf die Seite kleben.

Mach 10! und trainiere spielerisch deine Fähigkeiten im
Rechnen und Schreiben sowie deinen Englischwortschatz.

**An alle Schnüfflerinnen, Top-Spione und
Geheimagentinnen: An die Stifte, fertig, los!**

Das habe ich schon gelöst:

Hake ab!

Kreuz und quer

Was braucht ein Detektiv? Trage die gesuchten Wörter in das Kreuzworträtsel ein. Die Buchstaben in den bunten Kästchen ergeben das Lösungswort.

Tipp: Gesucht ist eine berühmte Detektivin, die in zahlreichen Romanen Verbrecher jagt.

Trage hier das Lösungswort ein.

4

Wort gesucht

Setze die Buchstaben an den richtigen Stellen im Hunderterfeld ein. Hast du alle Buchstaben richtig platziert, ergeben sie von oben nach unten gelesen das Lösungswort.

7 = S

28 = F

30 = N

18 = L

54 = Ü

50 = R

27 = C

16 = H

1	2	3	4	5	6		8	9	10
2	4	6	8	10	12	14	16	18	20
3	6	9	12	15	18	21	24		30
4	8	12		20	24	28	32	36	40
5	10	15	20	25		35	40	45	50
6	12	18	24	30	36	42	48		60
7	14	21		35	42		56	63	70
8	16	24	32	40	48	56	64	72	80
9		27	36	45	54		72	81	90
10	20	30	40		60	70	80	90	100

63 = E

49 = F

Tipp: Gesucht ist ein anderes Wort für Detektiv.

What ist what?

Was ist was? Bringe die Buchstaben in die richtige Reihenfolge und ordne die zehn englischen Begriffe dem richtigen Körperteil zu.

HEDA

IRAH

YEE

NEWS SNOE

NEWS UOHTM

SHLDROUE

DANH

BLOWE

GLE

TOFO

10 GEMACHT!

meine TOP 10!

Fülle die Liste aus!

Kalle Blomquist

Miss Marple

10 beste Meisterdetektive

1. _____
2. _____
3. _____
4. _____
5. _____
6. _____
7. _____
8. _____
9. _____
10. _____

10 GEMACHT!

Codeknacker gesucht

Welches Symbol steht für welche Zahl? Addiere die Zahlen in den einzelnen Spalten und Zeilen und du erhältst die Summe, die am Rand steht.

Tipp: Beginne mit der dritten Zeile.

Ein Wort passt nicht

Spürnase, Ermittler, Bademeister?
Hier stimmt doch etwas nicht. In jeder Reihe hat sich ein Wort
eingeschlichen, das nicht zu den anderen passt.
Weißt du, welches?

1. Giraffe   Nashorn   Zebra   Tulpe   Elefant

2. Spürnase   Agent   Ermittler   Detektiv   Bademeister

3. zuhören   Beweis   beobachten   kombinieren   ermitteln

4. Maßband   Kreide   Vase   Lupe   Absperrband

5. braun   grün   süß   rot   gelb

6. Zeuge   Zucker   Zelle   Polizei   Zettel

7. Alibi   Biene   Dieb   Brief   Liebe

8. verdeckt   undercover   hell   geheim   heimlich

9. Tipp   Apparat   Suppe   Applaus   Tempo

10. Chemie   Melodie   Theorie   Linie   Magie

Tipp:
Sprich die
Wörter laut
vor dich hin.

10 GEMACHT!

Voll versteckt!

Zehn Begriffe sind in diesen Buchstabenrechtecken senkrecht, waagerecht und diagonal versteckt. Findest du sie?

1. UHRZEIT

```
A K O L Ü Ö P D
F T R E V G B H
Z R V B G T Z N
K K K U I H S W
E C D F R E S V
I E C F R T B H
Z U N Ö Ö X A Q
V U H R Z E I T
```

2. HINWEIS

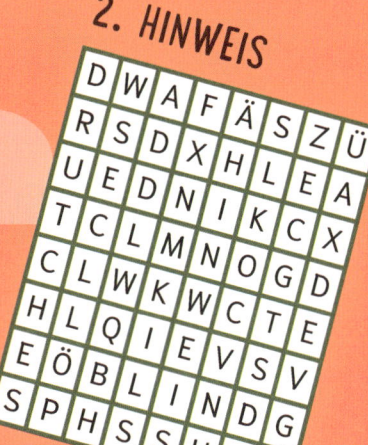

```
D W A F Ä S Z Ü
R S D X H L E A
U E D N I K C X
T C L M N O G D
C L W K W C T E
H L Q I E V S V
E Ö B L I N D G
S P H S S H F T
```

3. TÄTER

```
N S T F R T L E
C U T G E H A G
D V O M E I L H
F N P M T K K T
R G C I E I I D
E T Ä T E R G C
L T B C S I B T
O S G V C X H F
```

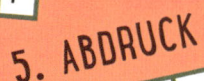

4. POLIZIST

```
P A P P F H D R
F O H G T Z N X
E E L B G N K I
V P N I R X A S
D F E R Z X S G
T H U C D I V B
N H U N M K S X
D E R D V G D T
```

5. ABDRUCK

```
A J K I X S F V
G T R E D C A G
Z A N M K B S Q
A Y O L D E T B
F C D R R X X D
E V U N Z D X Ü
X C B F T U C D
K G N C D T R U
```

6. SPUR

A	F	B	H	Z	T	V	R
E	R	V	F	X	Ä	S	W
F	A	X	F	B	H	K	O
A	Q	C	S	P	U	R	T
D	C	H	T	I	I	A	E
E	V	G	T	E	E	C	F
T	A	S	D	E	D	V	X
F	T	X	R	P	J	G	S

7. TATORT

F	G	H	N	C	D	E	R
T	H	Z	U	I	I	T	E
R	E	S	E	R	F	A	F
K	I	O	X	S	G	T	W
E	C	F	R	E	N	O	V
W	P	O	F	T	C	R	X
E	B	H	Z	T	C	T	F
A	Y	V	B	H	Z	K	K

8. SPION

K	I	F	G	H	T	C	H
F	D	E	R	B	L	O	P
Ü	S	B	D	V	H	T	S
F	B	P	F	D	E	S	G
S	X	F	I	S	W	E	T
D	V	N	S	O	R	B	H
Ä	S	W	B	M	N	R	P
D	N	M	K	U	C	L	B

9. AKTE

E	K	L	O	X	D	E	R
B	H	Z	U	E	X	C	F
E	F	S	D	E	V	B	H
V	L	P	T	L	O	F	G
B	O	S	H	A	W	D	G
G	P	C	K	L	Z	P	Ü
G	D	T	E	N	Z	T	Z
A	E	U	E	T	U	R	E

10. STIFT

S	C	H	Z	T	E	E	X
V	G	T	E	D	S	T	U
S	S	G	T	R	U	U	O
P	C	T	S	H	H	S	W
A	Y	D	I	H	A	N	J
D	G	Z	U	F	X	C	G
T	B	H	L	Ö	T	F	C
V	F	V	H	S	S	O	S

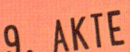

10 GEMACHT!

Hilf der Spurensicherung

Alle Ermittlungen beginnen mit einer sorgfältigen Untersuchung des Tatorts. Dazu gehört auch, die Spuren genau auszumessen. Lies die Zahlen am Zahlenstrahl ab und löse die Rechenaufgaben.

1

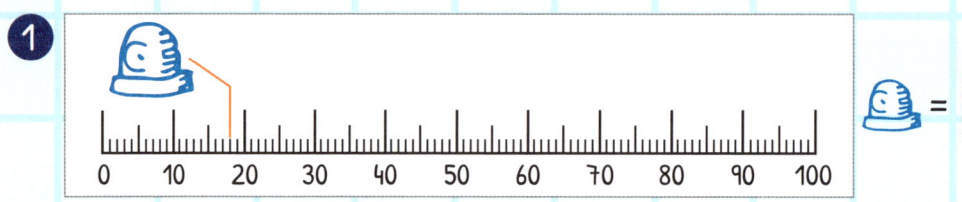

$=$ ☐

$2 \cdot$  $=$ _____

2

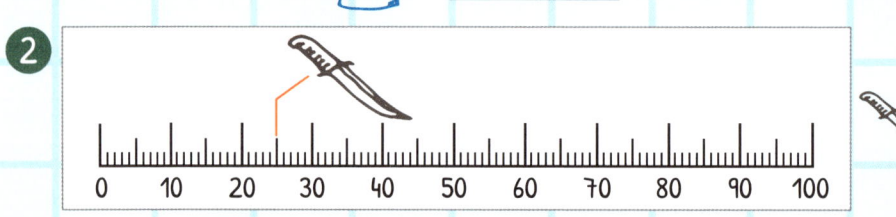

$=$ ☐

$75 :$ 🔪 $=$ _____

3

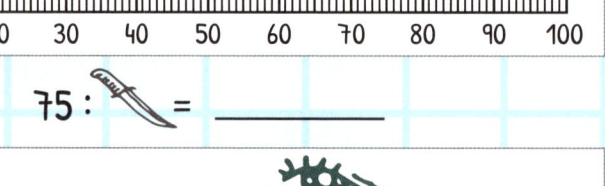

$=$ ☐

$84 -$ 👁 $=$ _____

4

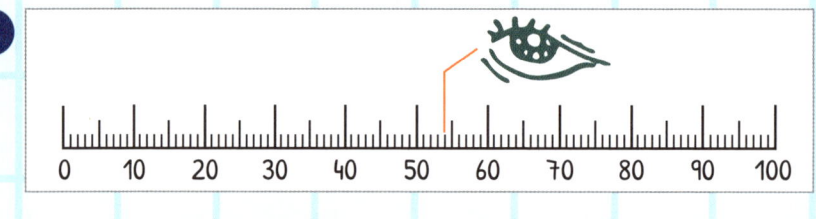

$=$ ☐

$64 :$ 💣 $=$ _____

5

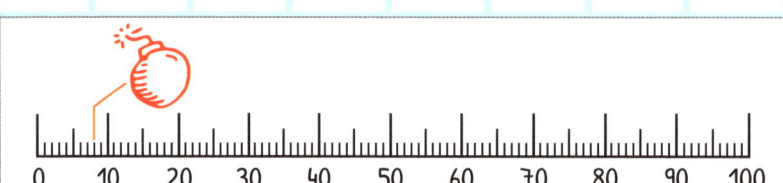

$=$ ☐

 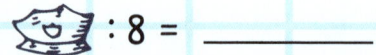 $: 8 =$ _____

6

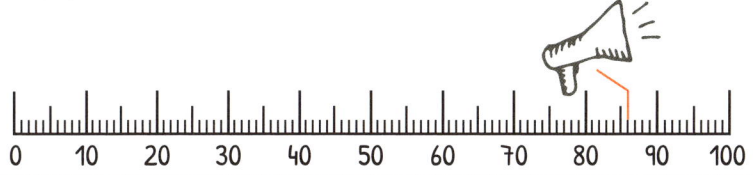

 + 14 = _____

7

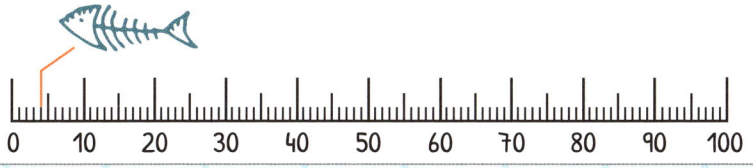

16 · = _____

8

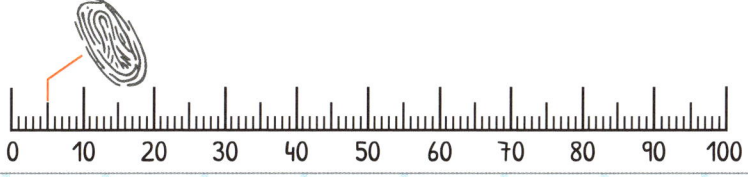

5 ·  = _____

9

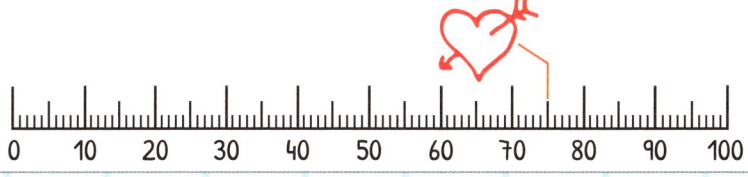

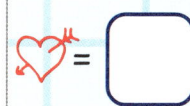 : 15 = _____

10

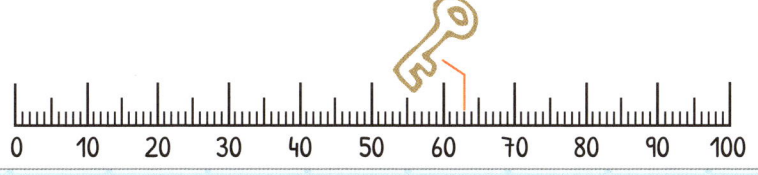

 : 9 = _____

Finde die Brückenwörter

Setze die zehn Nomen so ein, dass immer zwei sinnvolle Wörter entstehen.

SPIEL   TAT

AKTEN _____ BLOCK

BEWEIS _____ APPARAT

CODE

BANK _____ TIER

KAUF _____ DIEB   NOTIZ

STRAF _____ ZEUGE

ZEIT

UHR _____ ZONE

VERSTECK _____ ZEUG   BUCH

GEHEIM _____ NAME

ERPRESSER _____ KASTEN

BRIEF

GESETZ _____ REGAL

RAUB   LADEN   FOTO

10 GEMACHT!

Male ein Phantombild

Lies die zehn Hinweise genau durch. Kannst du das Gesicht des Verdächtigen zeichnen?

1. Der Verdächtige hat ein rundes Gesicht.

2. Er hat kurze Haare.

3. Die Haare sind rot.

4. Seine Augen sind blau.

5. Er hat Sommersprossen.

6. Auf der rechten Wange hat er eine Narbe.

7. Er hat einen Schnurrbart.

8. Er trägt im linken Ohr einen Ohrring.

9. Die Nase ist spitz.

10. Er trägt eine Augenklappe über dem linken Auge.

Schau genau?

Ein Detektiv muss gut beobachten können. Jedes noch so kleine Detail könnte wichtig sein. Findest du die zehn Unterschiede zwischen den Bildern? Kreise sie im unteren Bild ein.

meine TOP 10!

Fülle die Liste aus!

Nichts anfassen

Alles genau notieren

10 Dinge,
die ich beim Betreten eines Tatorts beachten muss

1. _____

2. _____

3. _____

4. _____

5. _____

6. _____

7. _____

8. _____

9. _____

10. _____

How many?

Wie viele? Zähle die Gegenstände auf der Seite und schreibe die englischen Zahlwörter auf.

eight

one

five

nine

four

three

seven

ten

six

two

Der Meisterdetektiv

Sherlock Holmes ist vermutlich der berühmteste Detektiv der Welt. Glaubt man seinem Assistenten Dr. Watson, ist er wohl auch der unordentlichste. Hilf Holmes und setze die zehn Wörter richtig ein.

„Ich heiße Sherlock ——————— und wohne in der Baker ——————— 221b in London. Meine ——————— ist es zu wissen, was andere Leute nicht wissen. Ich bin ——————— im ———————. In meiner Freizeit studiere ich die <u>Chemie</u>. Außerdem spiele ich ziemlich gut ———————. Was dich betrifft, junger ———————: Du siehst, aber du beobachtest nicht. Für einen großen ——————— ist nichts zu klein. Und wenn du alle logischen ——————— eines Problems ausgeschlossen hast, ist die unlogische, obwohl unmöglich, die richtige."

Verstand

Experte

Aufgabe

Beobachten

Lösungen

~~Chemie~~

Holmes

Detektiv

Geige

Street

19

Größer, kleiner oder gleich?

Löse die zehn Aufgaben. Welche Ergebniszahl ist größer, kleiner oder gleich?
Setze die Zeichen <, > oder = richtig in die Lupen ein.

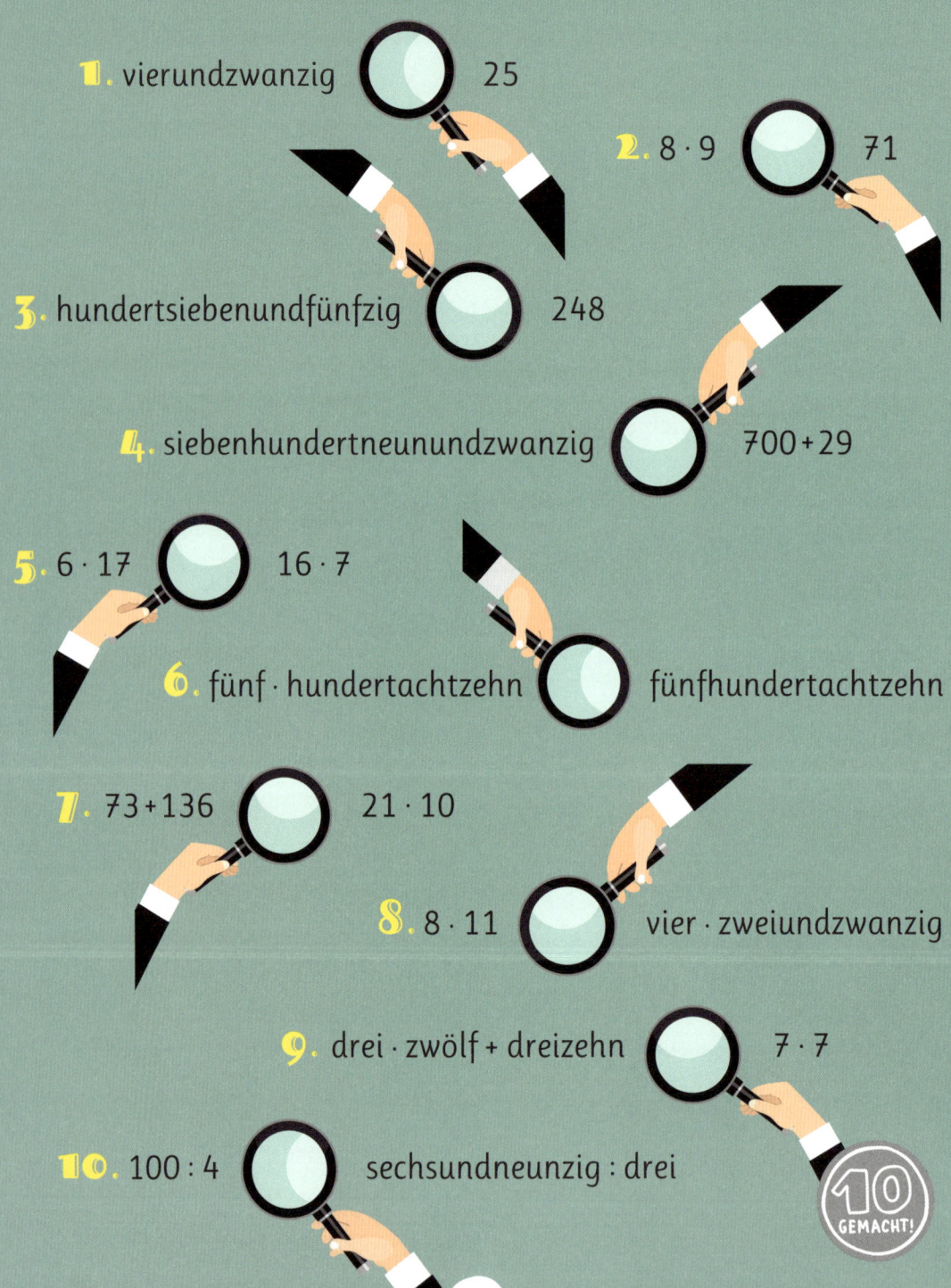

1. vierundzwanzig ◯ 25

2. 8 · 9 ◯ 71

3. hundertsiebenundfünfzig ◯ 248

4. siebenhundertneunundzwanzig ◯ 700 + 29

5. 6 · 17 ◯ 16 · 7

6. fünf · hundertachtzehn ◯ fünfhundertachtzehn

7. 73 + 136 ◯ 21 · 10

8. 8 · 11 ◯ vier · zweiundzwanzig

9. drei · zwölf + dreizehn ◯ 7 · 7

10. 100 : 4 ◯ sechsundneunzig : drei

10 GEMACHT!

20

Messerscharf kombiniert

Verbinde die Silben mit einer Linie zu zehn sinnvollen Wörtern.
Schreibe sie mit Artikel auf.

HUB	NO	LING
EIN	SA	CHEN
DÄM	NA	DE
BA	TE	BER
TAT	KU	RUNG
UR	SCHRAU	VE
GA	DRING	CHE
AB	ME	NE
DO	ZEI	GIE
STRA	KUN	MENT

1. der Hub _____

2. _____

3. _____

4. _____

5. _____

6. _____

7. _____

8. _____

9. _____

10. _____

10 GEMACHT!

21

Magic 4

Magische 4 – immer vier Wörter mit je vier Buchstaben ergeben ein Lösungswort mit ebenfalls vier Buchstaben. Setze diese englischen Wörter aus der Liste an den richtigen Stellen ein und streiche sie durch.

Tipp: Der Anfangsbuchstabe und der Endbuchstabe sind vorgegeben.

5. C · · H · · · T · E · · · G · · D · K · · · E

6. S · · W · · E · T · · · S · E · · H · · O

7. V · · W · K · · S · B · · R · S · · E

8. N · · E · C · P · L · K · B · · D

9. E · S · T · F · · T · L · · C · · T · · T

10. I · A · M · · H · N · S · T · · I

BEAR BIRD BOSS CALL
CASH CHIP CITY DEAL
EARS EXIT FACT GAME
GOLD HAIR HEAT HERO
IDEA KEYS KNEE LEAD
LINK LIST MAIL MASK
MATH NAME NEWS NUTS
PLAN PLOT TAXI TEAM
TENT TIME RAIN RISK
SAFE SNOW VIEW WORK

10 GEMACHT!

Spion - 1X1

Behältst du hier den Überblick? Zähle die Bildelemente auf der Seite und trage die Zahlen in die Felder ein. Dann rechne aus.

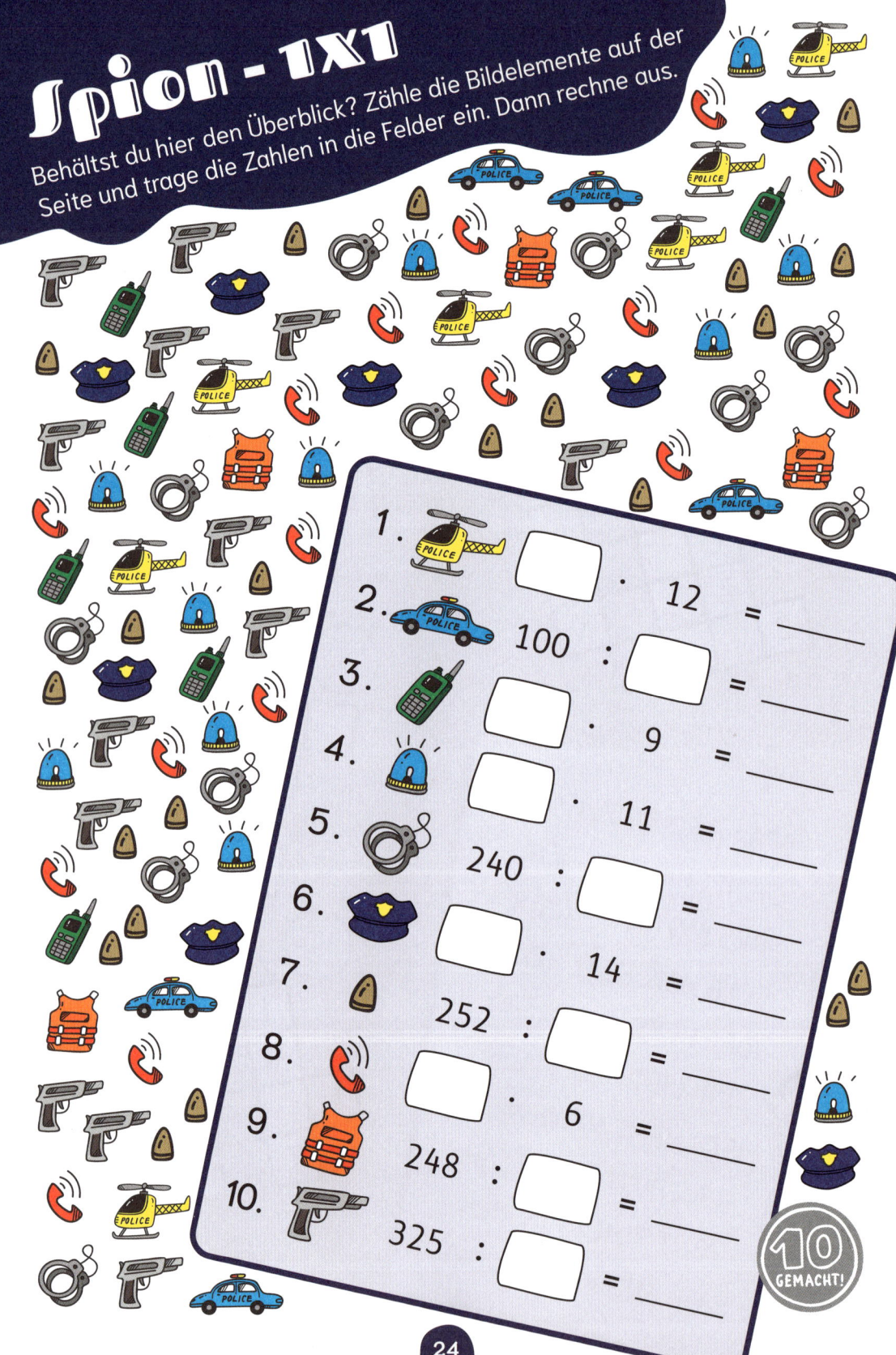

1. ☐ · 12 = _____

2. 100 : ☐ = _____

3. ☐ · 9 = _____

4. ☐ · 11 = _____

5. 240 : ☐ = _____

6. ☐ · 14 = _____

7. 252 : ☐ = _____

8. ☐ · 6 = _____

9. 248 : ☐ = _____

10. 325 : ☐ = _____

10 GEMACHT!

24

Verschwiegenheit

Geduld

10
Detektiv-Eigenschaften, die ich habe

1. _____

2. _____

3. _____

4. _____

5. _____

6. _____

7. _____

8. _____

9. _____

10. _____

10 GEMACHT!

Auf Fehlersuche

Wie schreibst du diese zehn Nomen? Trage die Lösungsbuchstaben in die Kästchen ein. Sie ergeben von oben nach unten gelesen das Lösungswort.

1. Lüge **A**   Lügge **S**

2. Schlüsel **P**   Schlüssel **R**

3. Unfall **M**   Unfal **F**

4. Tellefon **C**   Telefon **B**

5. Pollizist **N**   Polizist **A**

6. Sonnenbrile **W**   Sonnenbrille **N**

7. Taschenmeser **A**   Taschenmesser **D**

8. Kamera **U**   Kammera **R**

9. Pinzete **I**   Pinzette **H**

10. Alibi **R**   Allibi **E**

> **Tipp:** Lies die Wörter laut vor. Wird der Vokal in der betonten Silbe kurz gesprochen, folgen zwei Konsonanten.

1	2	3	4	5	6	7	8	9	10

10 GEMACHT!

Do you know these words?

Kennst du diese Wörter? Schreibe sie auf Englisch in das Kreuzworträtsel.

Wortspeicher
camera, computer, fingerprint, flashlight, gun, key, lock, news, pen, watch

Tipp:
Gesucht ist das englische Wort für Hubschrauber.

Trage hier das Lösungswort ein.

10 GEMACHT!

Eins, zwei, drei ...

Ein Fall für Zahlen–Detektive: Finde die jeweilige Regel
und setze die Reihe fort.

Regel:

1. 4, 7, 10, 13, 16, 19, 22, _____   _____

2. 201, 192, 183, 174, 165, 156, 147, _____   _____

3. 13, 27, 41, 55, 69, 83, 97, _____   _____

4. 8, 9, 11, 14, 18, 23, 29, _____   _____

5. 346, 335, 328, 317, 310, 299, 292, _____   _____

6. 9, 13, 26, 30, 60, 64, 128, _____   _____

7. 3, 9, 5, 15, 11, 33, 29, 87, _____   _____

8. 81, 27, 108, 36, 144, 48, 192, _____   _____

9. 12, 2 14, 4, ? , 18, 126, _____   _____

10. 125, 250, 150, ? , 200, 400, 300, _____

meine TOP 10!

Fülle die Liste aus!

Handschuhe

Fingerabdruckpulver

10 Dinge,
die ein Detektiv braucht

1. _____
2. _____
3. _____
4. _____
5. _____
6. _____
7. _____
8. _____
9. _____
10. _____

10 GEMACHT!

Dekodiere die Geheimschriften

Manche Botschaften sind nur für den Empfänger bestimmt. Kannst du die zehn Nachrichten entschlüsseln?

1.

MUOURUGUEUNU

NUAUCUHUMUIUTUTUAUGU

SUPUIUEULUEUNU

WUIURU

TUIUSUCUHUTUEUNUNUIUSU

2.

XXDXX YYEYY FFRFF

TTHTT PPAPP DDUDD

WWSWW UUMUU TTETT

QQIQQ XXSXX CCTCC

FFESS GGRGG AAWAA

LLALL JJRJJ

MMEMM KKSKK

3.

MMOK NEGROM ROV

RED ELUHCS UZ RIM

4.

EHCIE NETLA RED

NA THCANRETTIM

MU SNU

NEFFERT RIW

5.

D	R	T	N	S	N
A	O	L	Ä	E	E
S	W	A	G	B	H
C	E	U	T	L	C
O	D	T	E	Ü	M

Wem gehört das Mountainbike?

Fülle anhand der zehn Hinweise die Tabelle aus. Weißt du, wem das Mountainbike gehört?

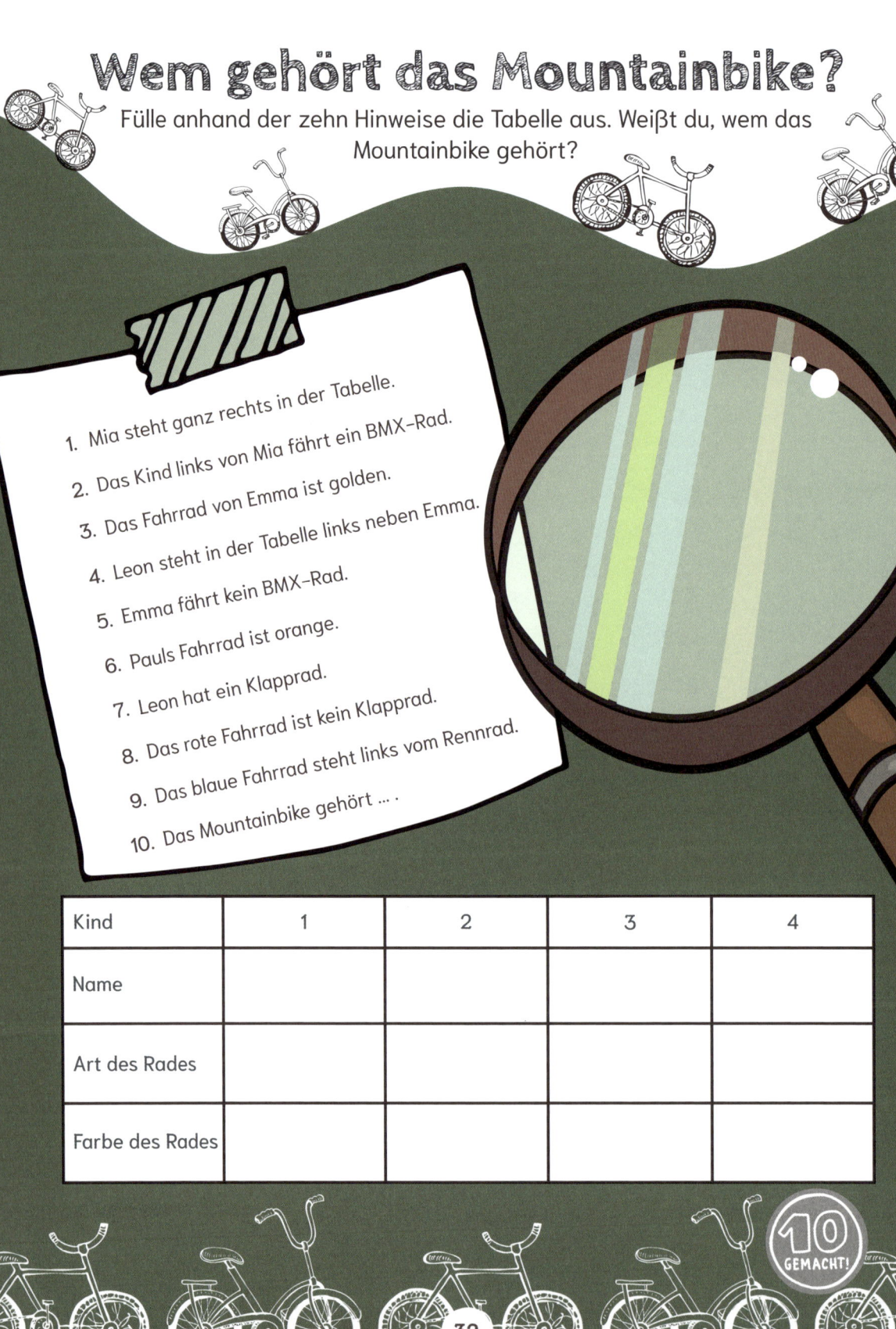

1. Mia steht ganz rechts in der Tabelle.
2. Das Kind links von Mia fährt ein BMX-Rad.
3. Das Fahrrad von Emma ist golden.
4. Leon steht in der Tabelle links neben Emma.
5. Emma fährt kein BMX-Rad.
6. Pauls Fahrrad ist orange.
7. Leon hat ein Klapprad.
8. Das rote Fahrrad ist kein Klapprad.
9. Das blaue Fahrrad steht links vom Rennrad.
10. Das Mountainbike gehört … .

Kind	1	2	3	4
Name				
Art des Rades				
Farbe des Rades				

10 GEMACHT!

Polizist

meine TOP 10!

Fülle die Liste aus!

Falscher Schnurrbart

10 coole Verkleidungen für Detektive

1. _____

2. _____

3. _____

4. _____

5. _____

6. _____

7. _____

8. _____

9. _____

10. _____

10 GEMACHT!

Der Stempeldetektiv im Einsatz

Hier stimmt etwas nicht! Diese zehn zusammengesetzten Nomen sind durcheinandergeraten. Schreibe die Wörter richtig auf.

1. _____
2. _____
3. _____
4. _____
5. _____
6. _____
7. _____
8. _____
9. _____
10. _____

Maßmaterial

Tafelband

Stempeldetektiv

Geheimkissen

Tatsprache

Reifenschuh

Handaussage

Beweismotiv

Zeugenkreide

Meisterspur

10 GEMACHT!

Verschlüsselte Aufgaben

Welches Bild steht für welche Zahl? Schreibe die Zahlen in die Kästchen über den Bildern.

I. $227 - 178 =$ [Messer]

2. [Messer] $: 7 =$ [Taschenlampe]

3. [Messer] $-$ [Hut] $=$ [Taschenlampe]

4. [Hut] $:$ [Taschenlampe] $=$ [Kamera]

5. [Taschenlampe] $+$ [Kamera] $+$ [Messer] $-$ [Hut] $=$ [Pistole]

6. [Pistole] $\cdot 2 +$ [Zahnpasta] $=$ [Messer]

7. [Zahnpasta] $\cdot$ [Pistole] $-$ [Hut] $-$ [Messer] $- 41 =$ [Geldbeutel]

8. [Geldbeutel] $\cdot$ [Kamera] $: 24 =$ [Geldschein]

9. [Geldschein] $\cdot$ [Geldbeutel] $:$ [Kamera] $=$ [Schlüssel]

10. [Taschenlampe] $\cdot$ [Schlüssel] $:$ [Handschelle] $=$ [Taschenlampe] $\cdot$ [Geldbeutel]

35

Follow the line

Folge der Linie – und finde heraus, welche zehn englischen Wörter aus der Welt der Detektive und Spioninnen gesucht sind. Schreibe sie auf.

Tipp:
Die Anfangsbuchstaben sind bereits markiert.

1. Informant

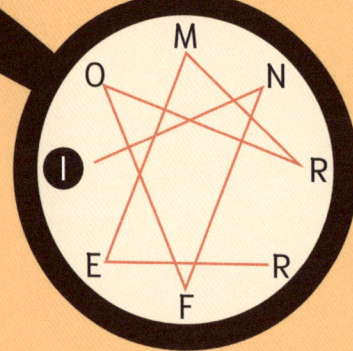

----

2. Bestrafung

----

3. Taschendieb

----

4. Hubschrauber

----

5. Augenzeuge

----

6. Handschellen

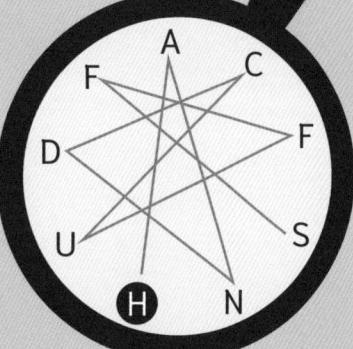

----

7. Ermittlung

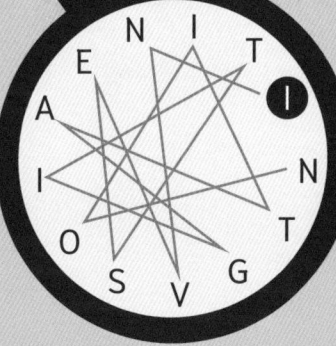

8. Beweis

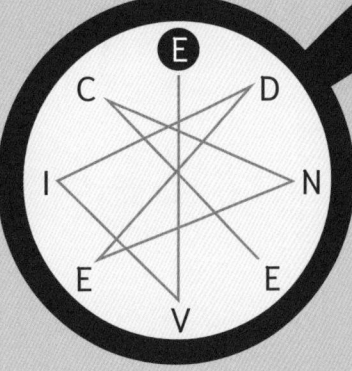

----

9. Tatort

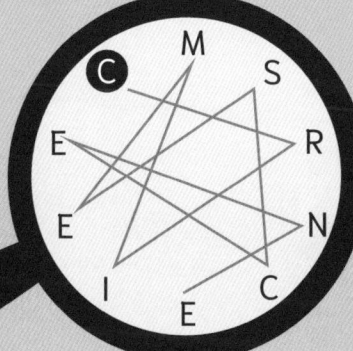

----

10. Lupe

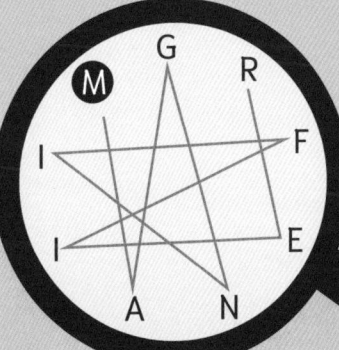

37

Ein Fall für Wort-Detektive

Suche die passenden Halbkreise und setze sie zu zehn sinnvollen Wörtern zusammen. Lies die Wörter im Uhrzeigersinn. Den Anfangsbuchstaben musst du selbst finden.

12. U N F T

17. P E R R

16. K N A M

4. H P L A

15. R M R U

19. K U M E

10. A L A F

14. I Z I S

18. C E D E

6. M F R U

7. I N B R

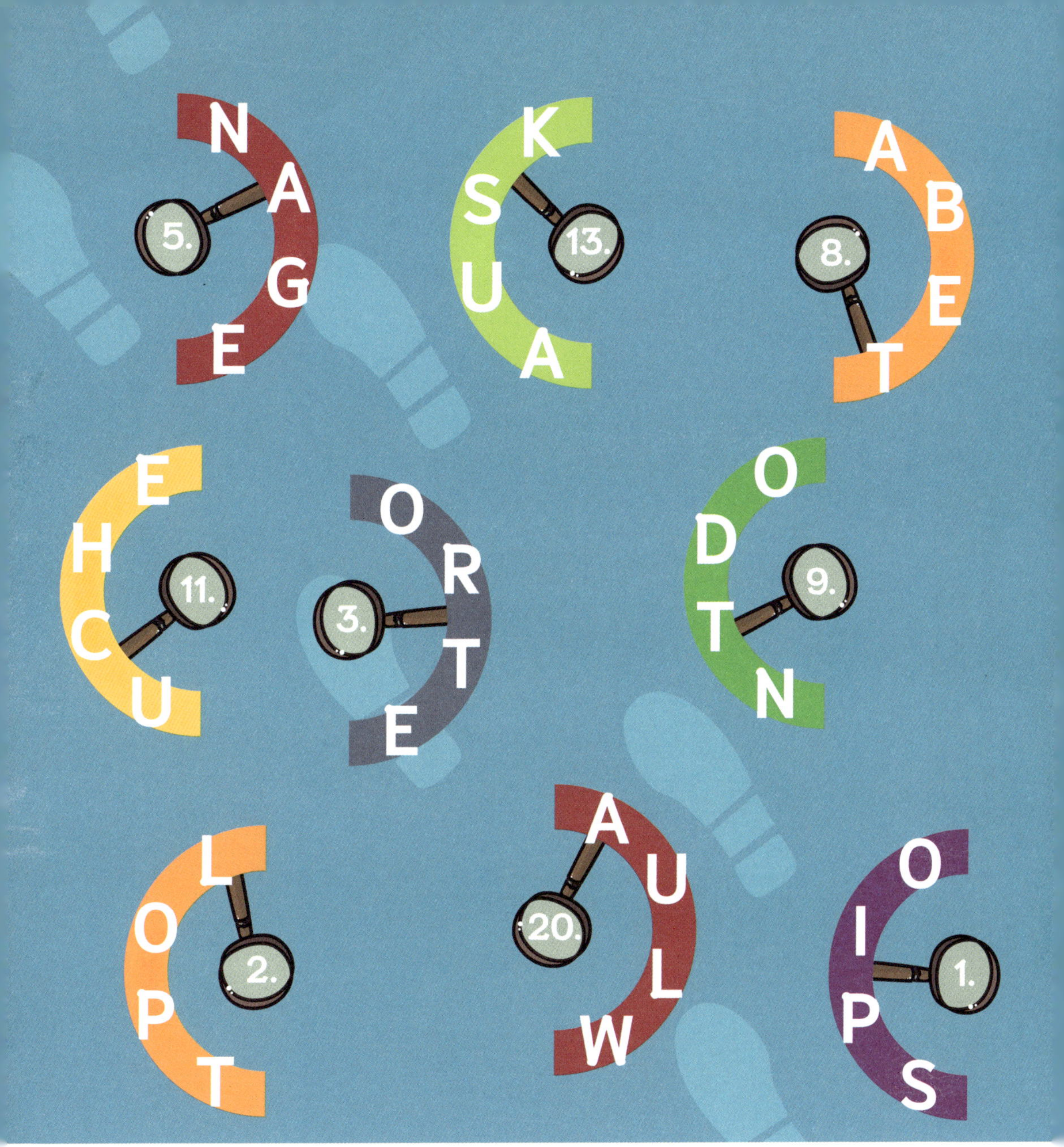

5. N A G E

13. K S U A

8. A B E T

11. E H C U

3. O R T E

9. O D T N

2. L O P T

20. A U L W

1. O I P S

1. 1. + 5. = Spionage   6.

2.   7.

3.   8.

4.   9.

5.   10.

Knack den Code!

Kryptologen aufgepasst! Welche Zahl steht für welchen Buchstaben? Finde es heraus und entschlüssle die zehn Wörter.

1. | 9 | 2 | 2 |

2. | 2 | 9 | 2 | 4 |

3. | 2 | 4 | 10 | 2 | 8 | 5 |

4. | 1 | 5 | 1 | 5 | 1 | 9 |

5. | 9 | 2 | 2 | 9 | 10 | 2 | 8 | 5 |

6. | 1 | 5 | 3 | 9 | 10 |

7. | 8 | 2 | 3 | 2 | 5 | 10 | 1 | 3 |

8. | 10 | 8 | 1 | 5 | 9 | 7 | 6 | 8 | 10 |

9. | 10 | 6 | 7 | 1 | 3 | 2 | 5 | 10 |

10. | 1 | 5 | 3 | 2 | 4 | 9 | 7 | 6 | 8 | 10 |

Tipp: Hier kannst du die Buchstaben eintragen, die du bereits herausgefunden hast.

1	2	3	4	5	6	7	8	9	10
								S	T

10 GEMACHT!

Detektivin Denkfix' Tag

Begleite Detektivin Denkfix durch den Tag. Trage die Zeiten richtig in die Uhren ein.

1. Detektivin Denkfix kommt 15 Minuten nach sieben ins Büro.

2. Fünf Minuten später kocht sie einen Tee.

3. Nach einer Stunde und zehn Minuten kocht sie noch einen Tee.

4. Drei Stunden und 15 Minuten später erhält sie einen Anruf.

5. Sie überlegt 20 Minuten. Dann nimmt sie den Fall an.

6. Zwei Stunden und 30 Minuten früher wurden geheime Unterlagen gestohlen.

7. Der Wächter, der 15 Minuten eher ankam, bemerkte den leeren Safe.

8. Nur der Hausmeister war anwesend. Er kam um 8 Uhr.

9. Eine Stunde und 30 Minuten später hat der Hausmeister das Gebäude verlassen.

10. Zwei Stunden und 35 Minuten nach dem Diebstahl hat Detektivin Denkfix den Fall gelöst. Wer war der Dieb?

Gehirntraining für Spione

Welche Zahlen fehlen? Löse die zehn Sudokus.
So geht's: In jeder Zeile (waagerechte Reihe),
in jeder Spalte (senkrechte Reihe) und in
jedem kleinen Quadrat dürfen die Zahlen
1 bis 4 jeweils nur einmal vorkommen.

1.

3			1
	1	3	
		4	
4	3	1	2

2.

4			3
	3		
		2	
2			1

3.

1			
	4	2	
	1		3

4.

4			1
	1	3	
1	2		3

5.

2			1
		2	
	3		
4		1	

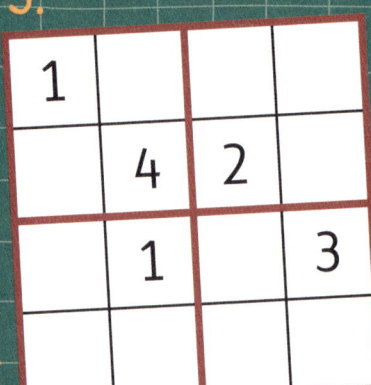
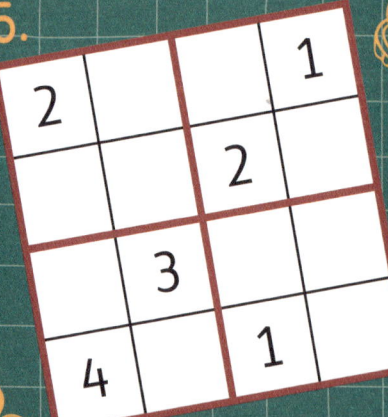

6.

2			
		2	
	4	1	
			3

7.

	4	1	
1			2
3			4
	2	3	

8.

2	3	4	1
3	4	1	2

9.

			3
	2	1	
		4	
2			

10.

			1
		2	
3		1	
	2		4

10 GEMACHT!

Expertenquiz

Jetzt ist es an der Zeit, dein Wissen unter Beweis zu stellen. Wie gut kennst du dich aus in der Welt der Detektivinnen und Spione? Beantworte die Fragen.

1. Wie beweist du, dass ein Auto über Nacht nicht benutzt wurde?

   A Eine Münze auf den Reifen legen
   B Eine Hand auf die Motorhaube legen

2. Was bedeutet das Wort „undercover"?

   A Sich unter der Decke verstecken
   B Verdeckt ermitteln

3. Was brauchst du, um Fingerabdrücke zu nehmen?

   A Knete
   B Grafitpulver

4. Was gehört nicht zur Ausrüstung eines Detektivs?

   A Pistole
   B Notizblock

5. Woraus kannst du Geheimtinte herstellen?

   A Aus Melonensaft
   B Aus Zitronensaft

6. Wie heißt das winzige Mikrofon, das zum Beispiel in Telefonhörern versteckt angebracht wird?

A Wanze
B Wespe

7. Was ist ein Periskop?

A Ein Fernrohr, mit dem man die Sterne beobachtet
B Ein Fernrohr, mit dem man um die Ecke sieht

8. Ein toter Briefkasten ist ein Ort, wo man geheime Botschaften hinterlegen kann.

A Richtig
B Falsch

9. Wie nennt man einen Agenten, der heimlich in eine Organisation eindringt und dort Informationen sammelt?

A Wühlmaus
B Maulwurf

10. Welcher Abdruck ist genauso einzigartig wie der Fingerabdruck?

A Fußabdruck
B Stimmabdruck

Find the words

Finde die Wörter. Du kannst waagerecht und senkrecht suchen.

ACTION

SECRET

SUSPECT

		S	P	Y	B	I					
	E	E	M	X	N	P	T	D	G		
	D	A	N	G	E	R	K	O	P	P	Ö
A	T	Y	C	L	W	P	R	F	O	P	R	R
C	A	W	O	U	A	E	R	F	P	O	T	E
Ä	T	R	T	D	A	C	K	N	I	M	L	I	T	K
S	I	N	S	E	D	E	T	E	C	T	I	V	E	Y
Y	O	U	U	T	V	Z	O	D	E	U	C	G	E	I
G	N	N	S	Z	E	B	R	H	R	L	E	S	G	O
F	T	G	P	M	N	Q	K	B	E	W	E	I	S	M
A	G	E	N	T	W	X	G	V	U	P	P	I
R	V	C	T	U	D	S	E	C	R	E	T	Y
X	T	I	R	O	M	N	N	F	Q	T
K	V	E	Z	N	J	D	R	X
Ü	G	H	N	P

SPY

DANGER

OFFICER

DETECTIVE

AGENT

ADVENTURE

POLICE

10 GEMACHT!

46

meine TOP 10!

Fülle die Liste aus!

Füße

Fahrrad

10 beste
Fortbewegungsmittel
für die Verbrecherjagd

1. _____
2. _____
3. _____
4. _____
5. _____
6. _____
7. _____
8. _____
9. _____
10. _____

10 GEMACHT!

Wort, verwandle dich!

Wie wird aus dem Wort Dieb das Wort Herr? Ändere in jeder Zeile einen Buchstaben, sodass ein neues Wort entsteht. Aufgepasst! In jeder Zeile und in jeder Spalte darf nur ein Buchstabe geändert werden.

1.

D	I	E	B
	I	E	B
H	I	E	
H		E	R
H	E	R	R

2.

Z	A	U	N
L	E	H	M

3.

G	O	L	D
H	E	R	Z

4.

B	A	R	T
H	O	H	N

5.

B	A	U	M
Z	E	H	N

6. BOSS / HAUT

7. LUFT / HASE

8. NUSS / FAKT

9. MODE / WART

10. LAUB / HEFT

10 GEMACHT!

Was ist wie schwer?

Länge, Größe, Form und Gewicht: Eine gute Detektivin studiert die Beweise ganz genau. Weißt du, wie viel ein Meerschweinchen, Pullover oder Auto wiegen? Verbinde die Bilder mit dem richtigen Gewicht.

15 g

1500 g

12 kg

5 g

600 g

60 g

500 kg

400 g

80 kg

1 t

meine TOP 10!

Fülle die Liste aus!

Rückwärts schreiben

Zahlen statt Buchstaben schreiben

10 Geheimschriften, die ich kenne

1. _____
2. _____
3. _____
4. _____
5. _____
6. _____
7. _____
8. _____
9. _____
10. _____

10 GEMACHT!

Hunderter-Puzzle

Fülle die Ausschnitte aus der Hundertertafel mit den richtigen Zahlen aus.

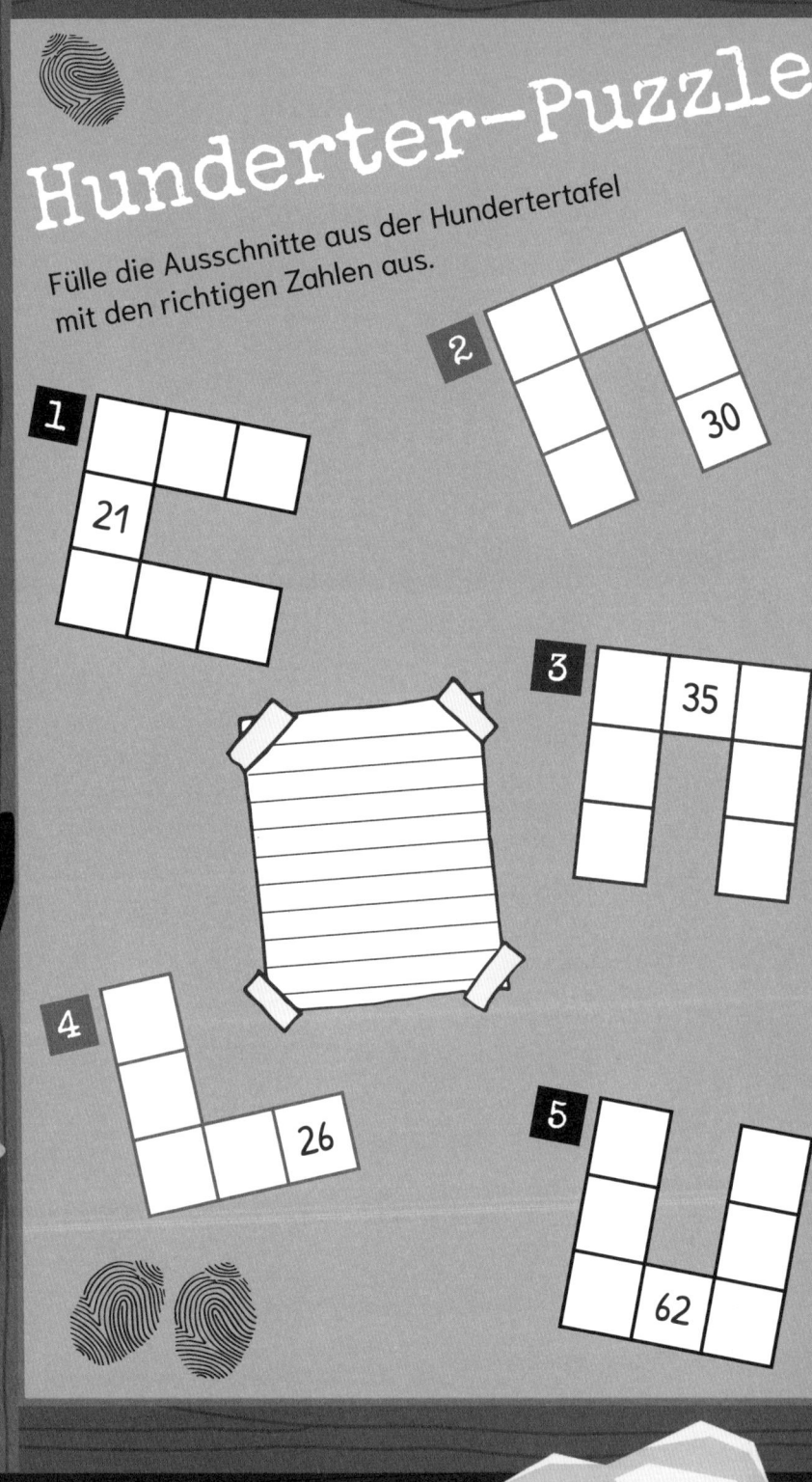

1

21		

2

3 35

4 26

5 62

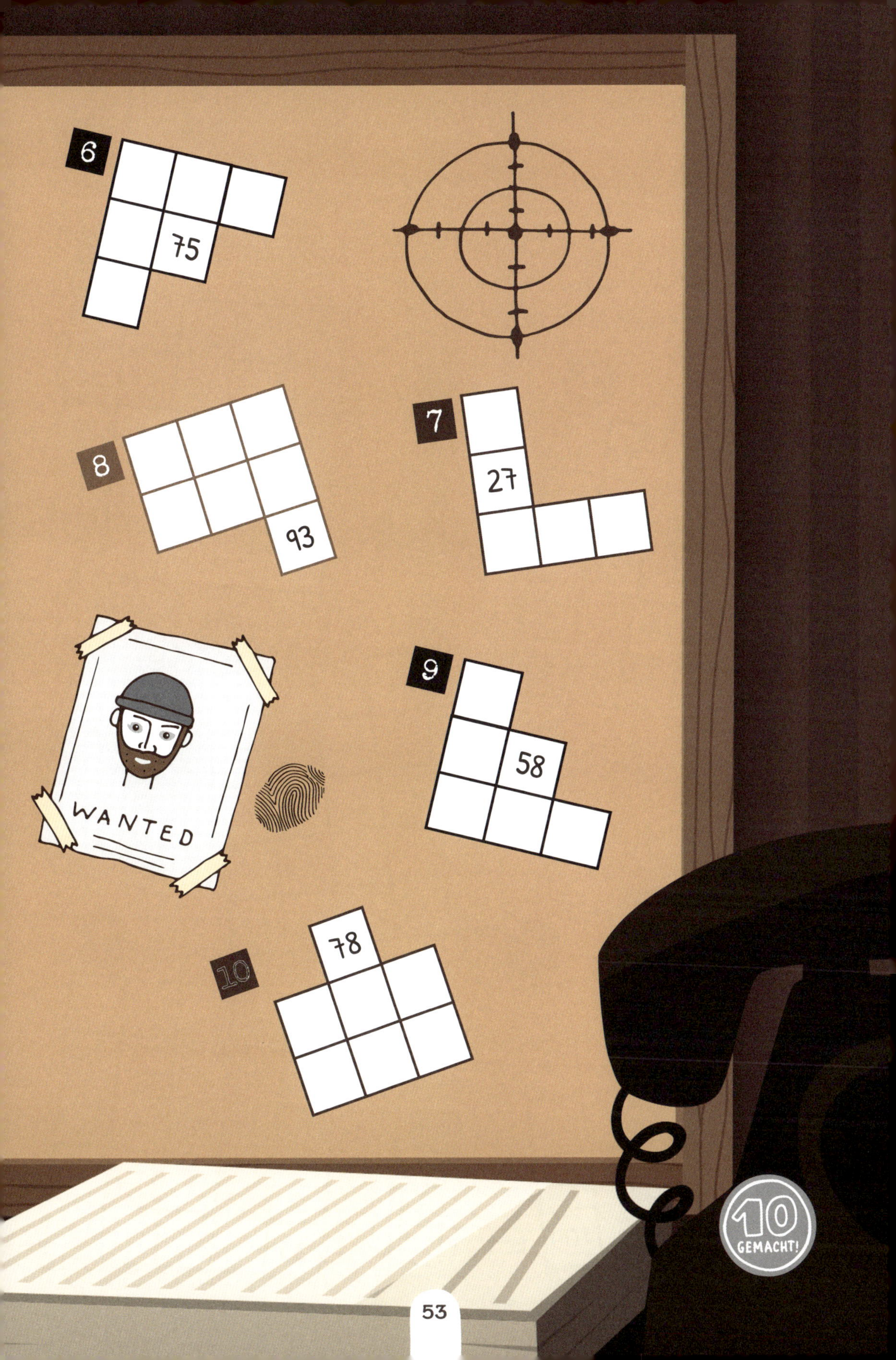

6

	75	

8

		93

7

27

9

	58

10

78	

WANTED

Rätselhafte Rechenquadrate

Kannst du die zehn Rechenquadrate lösen?
Trage die passenden Zahlen ein.

1.

9	−		=	7
+	🟥	+	🟥	+
	−	5	=	
=	🟥	=	🟥	=
	−		=	29

2.

51	+		=	
−	🟥	+	🟥	−
	−	17	=	
=	🟥	=	🟥	=
30	+		=	55

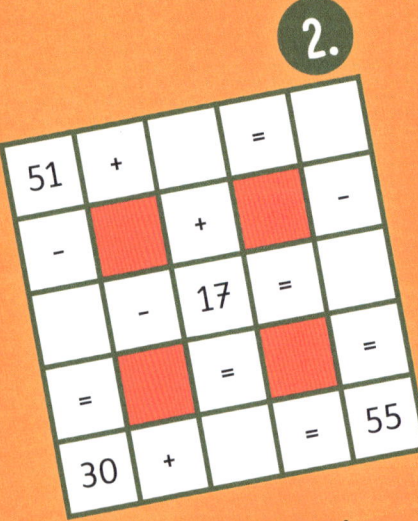

3.

64	−		=	48
+	🟥	+	🟥	+
	−	5	=	
=	🟥	=	🟥	=
	−		=	57

4.

3	+		=	42
+	🟥	+	🟥	+
63	+		=	
=	🟥	=	🟥	=
	+	43	=	109

5.

11	·		=	
·	🟥	·	🟥	·
	·	2	=	
=	🟥	=	🟥	=
33	·		=	132

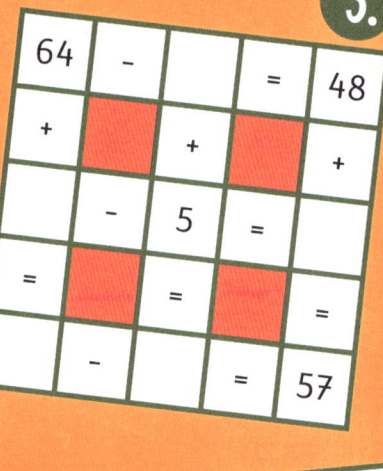

54

Mission: Dehnungs-h

Wie schreibst du diese zehn Nomen? Trage die Lösungsbuchstaben in die Kästchen ein. Sie ergeben das Lösungswort.

1. Tat	E	Taht	D
2. Frühling	I	Früling	S
3. Diebstal	P	Diebstahl	N
4. Fahrzeug	B	Farzeug	F
5. Drone	C	Drohne	R
6. Möre	N	Möhre	E
7. Verhöhr	W	Verhör	C
8. Armbandur	A	Armbanduhr	H
9. Kriminalfall	E	Kriminahlfall	H
10. Spuhrensicherung	E	Spurensicherung	R

> Tipp: Lies die Wörter laut vor. Wird der Vokal in der betonten Silbe lang gesprochen, folgt ein h. Am häufigsten steht es vor l, m, n und r.

1.	2.	3.	4.	5.	6.	7.	8.	9.	10.

10 GEMACHT!

Gaunerzinken

Gaunerzinken gibt es schon seit dem Mittelalter. Auch heute werden sie noch von Einbrechern als Geheimcodes genutzt. Weißt du, was die zehn Zeichen bedeuten? Richtig sortiert ergeben die Buchstaben das Lösungswort.

D

E

I

E

N

O

E

K

D

R

1. Bissiger Hund
2. Hier gibt es etwas.
3. Hier gibt es nichts.
4. Hier gibt es Geld.
5. Betteln verboten

6. Arme Leute
7. Übernachtung möglich
8. Vorsicht, nicht vorsprechen
9. Unbewohntes Haus
10. Bereits ausgeraubt

Trage hier die Lösungsbuchstaben ein:

1.	2.	3.	4.	5.	6.	7.	8.	9.	10.

Tipp: Gesucht ist ein anderes Wort für entziffern.

Bilderrätsel

Welche zehn Wörter aus der Welt der Detektive und Spione sind gesucht?
Die Zahlen unter und neben den Bildern verraten dir, welche Buchstaben
du streichen oder gegen andere austauschen sollst.

3 = U
4 = R

1 = S
2 = U
~~6~~

1. [ ][ ][ ][ ][ ][ ][ ][ ][ ][ ][ ][ ]

1 = T
~~5~~

3 = T

2. [ ][ ][ ][ ][ ][ ][ ]

1 = D
2 = A

3. [ ][ ][ ][ ][ ][ ][ ][ ][ ]

1 = C
5 = U
~~6~~ ~~7~~

~~1~~
~~5~~

4. [ ][ ][ ][ ][ ][ ][ ][ ][ ]

2 = O
4 = P

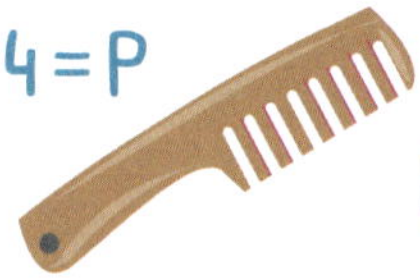

1 = L
4 = E
~~5~~

5. [ ][ ][ ][ ][ ][ ][ ]

2 = O
3 = R

1 = C
3 = D

6. | | | | | | | | | |

2 = E
5̶ 6̶

3 = M

7. | | | | | | | | | |

2 = A

1 = D
2 = U

8. | | | | | | | | |

4 = C
5 = H

2 = T
3 = T
4̶

4 = G
1̶

9. | | | | | | | | | | |

1 = G

4 = D
5 = I

1̶
3 = N

10. | | | | | | | | | | | | |

Read backwards

Lies rückwärts und ordne die zehn englischen Wörter den Bildern zu.

E

H

J

A

G

I

1. TAH ☐
2. YEK ☐
3. BMOC ☐
4. NILOIV ☐
5. SESSALG ☐
6. LLUKS ☐
7. HCTAW ☐
8. SECHTAM ☐
9. ALLERBMU ☐
10. EFINKNEP ☐

F

D

B

C

10 GEMACHT!

meine TOP 10!

Fülle die Liste aus!

Emil und die Detektive

Die Liga der Unsichtbaren

10 Detektivbücher, die ich gelesen habe

1. _____

2. _____

3. _____

4. _____

5. _____

6. _____

7. _____

8. _____

9. _____

10. _____

GEMACHT!

Knack die Knobelnüsse!

Diese zehn Rätsel haben es in sich!
Achtung: Manchmal musst du um die Ecke denken.

1.

Toms Mutter hat vier Kinder. Das erste Kind heißt Januar.
Das zweite März. Und das dritte Kind hört auf den Namen Mai.
Wie heißt das vierte?

2.

Zehn Jungen sollen sich zehn Birnen so teilen, dass jeder eine erhält.
Eine Birne soll jedoch im Korb bleiben. Wie müssen sie teilen?

3.

Auf einer Wiese liegen ein Hut, eine Karotte, vier Kohlestücke und
ein Besen auf dem Rasen. Wie sind sie dahingekommen?

4.

Ein Bauer wartet seit geraumer Zeit auf seinem Feld.
Plötzlich kommt ein Pferd vorbei und der Bauer ist verschwunden.
Was ist passiert?

5.

In einem Zug sind 16 Fahrgäste. Am nächsten Bahnhof steigen sechs
aus und vier neue steigen ein. Wie viele Personen befinden sich
insgesamt im Zug?

6.

Vier Kinder fahren mit dem Roller um die Wette. Nils fährt langsamer als Jasper und Jonathan, Jasper fährt langsamer als Jonathan, aber nicht so langsam wie Friedrich. Wer ist am schnellsten?

7.

Wie viele Ecken haben sechs Würfel zusammen?

8.

Herr Rot, Herr Grün und Herr Blau treffen sich im Park. Da bemerkt der eine: „Wie lustig! Wir haben einen roten Hut auf, einen grünen und einen blauen." „Ja, aber keiner von uns trägt einen Hut mit der Farbe seines Namens", erwidert der Mann mit dem blauen Hut. „Stimmt", sagt Herr Grün.

9.

Auf der Wiese stakst ein Storch hinter zweien, einer zwischen zweien und einer vor zweien. Wie viele Störche sind auf der Wiese?

10.

Drei Züge stehen im Bahnhof. Am Montag fahren alle ab. Der erste Zug kehrt alle zwei Tage zurück in den Bahnhof. Der zweite Zug kommt alle sechs Tage wieder und der dritte Zug alle acht Tage. Nach wie vielen Tagen stehen alle Züge wieder zusammen im Bahnhof?

Detektiv im Einsatz

Folge Detektiv Rudi Riecher auf seiner Reise. Wie viele Kilometer hat er insgesamt zurückgelegt?

Etappe 1: Detektiv Rudi Riecher läuft von der Wohnung ins Büro.
Strecke: 400 m

Etappe 2: Er fährt mit dem Taxi vom Büro zum Flughafen.
Strecke: 4,2 km

Etappe 3: Im Flughafen geht er direkt zum Abfluggate.
Strecke: 2 700 m

Etappe 4: Mit dem Flugzeug fliegt er in den Regenwald.
Strecke: 229 km

Etappe 5: Im dichten Urwald verläuft er sich.
Strecke: 64 km

Etappe 6: Mit den letzten Kräften erklimmt er den heiligen Berg.
Strecke: 1 800 m

Etappe 7: Zurück zum Flughafen geht's mit einem Guide.
Strecke: 6,4 km

Etappe 8: Als Nächstes fliegt er zu einem geheimen Ort in der Wüste.
Strecke: 110 km

Etappe 9: Auf einem Kamel reitet er durch die Wüste.
Strecke: 41 km

Etappe 10: Nach Hause fliegt er mit einem Hubschrauber.
Strecke: 450 km

10 GEMACHT!

Hidden words

Versteckte Wörter – findest du ganz leicht.
In jedem der zehn englischen Wörter ist ein anderes englisches
Wort verborgen. Suche diese Wörter und kreise sie ein:

1. WALLET

2. CAPTAIN

3. CHAT

4. LINK

5. CRIME

6. FEAR

7. BADGE

8. POLICE

9. ARREST

10. PRISON

Wortspeicher

wall
Wand

bad
schlecht

me
ich

rest
ausruhen

ear
Ohr

ice
Eis

son
Sohn

ink
Tinte

hat
Hut

cap
Mütze

10 GEMACHT!

Logische Reihe

Die Ordnung auf dem Schreibtisch von Detektiv Leo Logik folgt einem ganz genauen System. Was kommt als Nächstes?

1.
2.
3.
4.
5.
6.
7.
8.
9.
10.

meine TOP 10!

Fülle die Liste aus!

10 Verhaltensweisen,
die jemanden verdächtig machen

Dreht sich dauernd um

1. _____

2. _____

3. _____

4. _____

5. _____

6. _____

7. _____

8. _____

9. _____

10. _____

Schaut nicht in die Augen

10 GEMACHT!

Detektiv-Gitter

Finde für diese zehn Wörter den richtigen Platz im Rätselgitter.

3 Buchstaben
HUT

5 Buchstaben
ALIBI

6 Buchstaben
BEWEIS
KAMERA
TATORT
TRESOR

8 Buchstaben
SPÜRNASE

9 Buchstaben
DIEBSTAHL
KOMMISSAR
SCHLÜSSEL

Find the pairs

Finde die Paare! Kreise die Wörter ein, die ähnlich klingen, und schreibe sie auf.

eye	chief	hand	show	fear
time	no	near	free	thief
sock	take	band	clock	man
can	crime	see	spy	cake

Tipp:
Lies dir die Wörter leise vor.

1. eye – _____
2. _____
3. _____
4. _____
5. _____
6. _____
7. _____
8. _____
9. _____
10. _____

10 GEMACHT!

69

Buchstabensalat

Buchstaben–Detektive aufgepasst! Die Buchstaben dieser zehn Nomen wurden kräftig durcheinandergeschüttelt. Bringe sie in die richtige Reihenfolge und schreibe sie mit Artikel auf.

1. ä h F r e t

_____

2. e e Z u g

_____

3. r e h ö V r

_____

4. r e i b t S c k e f

_____

5. r a n T n g u

_____

6. s p o e k
n r t l

_ _ _ _ _ _ _ _ _

7. b h a n t p
m o i d l

_ _ _ _ _ _ _ _ _ _

8. t a u p H t r
q a u i r e

_ _ _ _ _ _ _ _ _ _ _ _

9. s u r n i c p
s e n
r u e g h S

_ _ _ _ _ _ _ _ _ _ _ _ _

10. g e n ü k e
e L t o t d r

_ _ _ _ _ _ _ _ _ _ _ _

Zahl gesucht

Finde die Zahl. Bei diesem Rechenrätsel musst du eine Zahl zwischen 1 und 10 in die Kettenaufgaben einsetzen.

1. ☐ $+ 4 + 10 - 12 + 8 - 5 + 9 = 18$

2. ☐ $\cdot\, 7 - 2 + 8 + 5 : 5 + 14 = 70$

3. ☐ $\cdot\, 3 + 3 \cdot 4 + 19 - 5 + 2 = 34$

4. ☐ $+ 29 + 68 - 8 - 31 + 11 - 39 = 35$

5. ☐ $\cdot\, 8 : 2 - 2 + 7 + 6 \cdot 3 = 35$

6. ☐ $: 2 - 5 : 1 + 24 : 8 - 2 = 1$

7. ☐ $\cdot\, 10 - 3 \cdot 5 + 36 : 12 - 48 = 20$

8. ☐ $\cdot\, 4 + 44 : 11 + 56 : 8 + 19 = 54$

9. ☐ $: 3 + 12 \cdot 5 + 112 : 8 \cdot 7 = 161$

10. ☐ $+ 68 + 36 : 4 \cdot 12 - 21 : 7 = 174$

Tipp:
Es gilt Punkt- vor Strichrechnung.

meine TOP 10!

Fülle die Liste aus!

10 coole Orte
für ein Detektivbüro

Baumhaus

?

1. _____
2. _____
3. _____
4. _____
5. _____
6. _____
7. _____
8. _____
9. _____
10. _____

Keller

10 GEMACHT!

Lösungen

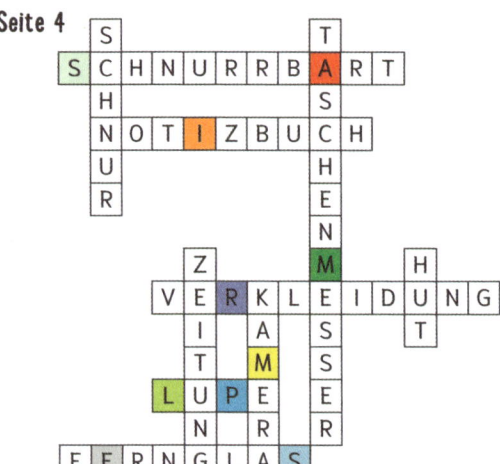

Seite 4

```
      S                          T
  [S] C  H  N  U  R  R  B  [A] R  T
      S  H                    A  S  C  H
      N  O  T  [I] Z  B  U  C  H
      U  R                       H  E
      R                             E
                                    N
            Z              [M]      H
         V  E  R  K  L  E  I  D  U  N  G
         I  T              S  S     T
         I  [M]            S  E
      [L] U  P  E          E  R
         N     R           R
   F  E  R  N  G  L  A  S
```

Lösungswort:

M I S S M A R P L E

Seite 5

1	2	3	4	5	6	S	9	1	10
2	4	6	8	10	12	14	16	18	20
3	6	9	12	15	18	21	24	C	30
4	8	12	H	20	24	28	32	36	40
5	10	15	20	25	N	35	40	45	50
6	12	18	24	30	36	42	48	Ü	60
7	14	21	F	35	42	F	56	63	70
8	16	24	32	40	48	56	64	72	80
9	L	27	36	45	54	E	72	81	90
10	20	30	40	R	60	70	80	90	100

Lösungswort: Schnüffler

Seite 6

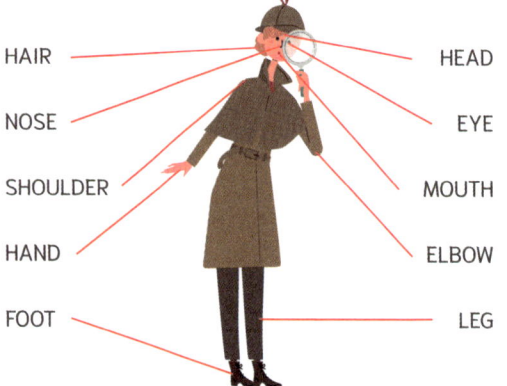

HAIR — HEAD

NOSE — EYE

SHOULDER — MOUTH

HAND — ELBOW

FOOT — LEG

Seite 8

	6 ↓	2 ↓	5 ↓		8 ↓	10 ↓	
3 →	1	2	6	1	1	1	12
4 →	8	2	8	2	1	1	22
Schritt 1 →	6	6	6	6	6	6	36
7 →	3	2	7	11	3	11	37
9 →	3	2	1	9	8	9	32
	3	2	7	4	4	18	38
	24	16	35	33	23	46	

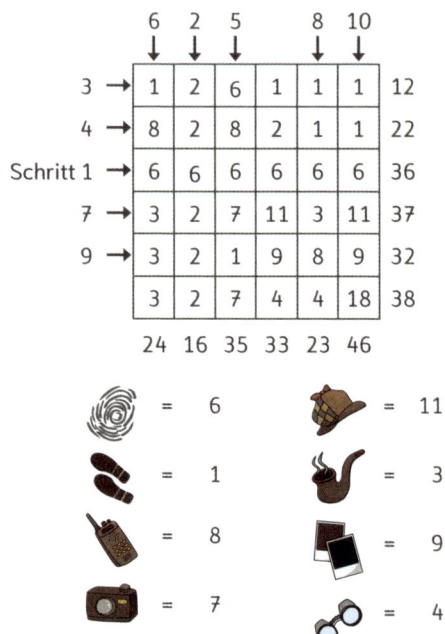

= 6

= 11

= 1

= 3

= 8

= 9

= 7

= 4

= 2

= 18

Seite 9

1. Tulpe (kein Tier), 2. Bademeister (kein Wort für Detektiv), 3. Beweis (kein Verb), 4. Vase (braucht man nicht am Tatort), 5. süß (keine Farbe), 6. Polizei (beginnt nicht mit dem Buchstaben Z), 7. Alibi (wird nicht mit ie geschrieben), 8. hell (kein Wort für geheim), 9. Tempo (kein Doppel-p), 10. Linie (ie am Ende wird nicht als langes i gesprochen)

Seite 10–11

1.

A	K	O	L	Ü	Ö	P	D
F	T	R	E	V	G	B	H
Z	R	V	B	G	T	Z	N
K	K	K	U	I	H	S	W
E	C	D	F	R	E	S	V
I	E	C	F	R	T	B	H
Z	U	N	Ö	Ö	X	A	Q
V	U	H	R	Z	E	I	T

2.

D	W	A	F	Ä	S	Z	Ü
R	S	D	X	H	L	E	A
U	E	B	N	I	K	C	X
T	C	L	M	N	O	G	D
C	L	E	K	W	C	T	E
H	L	S	I	E	V	S	V
E	Ö	S	L	I	N	D	G
S	P	E	S	S	H	F	T

3.

N	S	T	F	R	T	L	E
C	U	T	G	E	H	A	G
D	V	O	M	E	I	L	H
F	N	P	M	T	K	K	T
R	G	C	I	E	I	I	D
E	T	Ä	T	E	R	G	C
L	T	B	C	S	I	B	T
O	S	G	V	C	X	H	F

4.

P	A	P	P	F	H	D	R
F	O	H	G	T	Z	N	X
E	E	L	B	G	B	K	I
V	P	N	I	R	X	A	S
D	F	E	R	Z	X	S	G
T	H	U	C	D	I	V	B
N	H	U	N	M	K	S	X
D	E	R	D	V	G	D	T

5.
A	J	K	I	X	S	F	V
G	T	R	E	D	C	A	G
Z	A	N	M	K	B	S	Q
A	Y	O	L	D	E	T	B
F	C	D	R	R	X	X	D
E	V	U	N	Z	D	X	Ü
X	C	B	F	T	U	C	D
K	G	N	C	D	T	R	U

6.
A	F	B	H	Z	T	V	R
E	R	V	F	X	E	Ä	W
F	A	X	F	B	H	K	O
A	Q	C	S	P	U	R	T
D	C	H	T	D	I	A	E
E	V	G	T	E	E	C	F
T	A	S	D	E	D	V	X
F	T	X	L	O	N	G	E

7.
F	G	H	N	C	D	E	R
T	H	Z	U	I	I	T	E
R	E	S	E	R	F	A	F
K	I	O	X	S	G	T	W
E	C	F	R	E	N	O	V
W	P	O	F	T	C	R	X
E	B	H	Z	T	C	T	F
A	Y	V	B	H	Z	K	K

8.
K	I	F	G	H	T	C	H
F	D	E	R	B	L	O	P
Ü	S	S	D	V	H	T	S
F	B	P	F	D	E	S	G
S	X	F	I	S	W	E	T
D	V	N	S	O	R	B	H
Ä	S	W	B	M	N	R	P
D	N	M	K	U	C	L	B

9.
E	K	L	O	X	D	E	R
B	H	Z	U	E	X	C	F
E	F	S	D	E	V	B	H
V	L	P	T	L	O	F	G
B	O	S	H	A	W	D	G
G	P	C	K	L	Z	P	Ü
G	D	T	E	N	Z	T	Z
A	E	U	E	T	U	R	E

10.
S	C	H	Z	T	E	E	X
V	G	T	E	D	S	T	U
S	S	G	T	R	U	U	O
P	C	T	S	H	H	S	W
A	Y	D	I	H	A	N	J
D	G	Z	U	F	X	C	G
T	B	H	L	Ö	T	F	C
V	F	V	H	S	S	O	S

Seite 12–13

1.	$2 \cdot 18 = 36$	6.	$86 + 14 = 100$
2.	$75 : 25 = 3$	7.	$16 \cdot 4 = 64$
3.	$84 - 54 = 30$	8.	$5 \cdot 5 = 25$
4.	$64 : 8 = 8$	9.	$75 : 15 = 5$
5.	$32 : 8 = 4$	10.	$63 : 9 = 7$

Seite 14

1. Aktennotiz – Notizblock
2. Beweisfoto – Fotoapparat
3. Bankraub – Raubtier
4. Kaufladen – Ladendieb
5. Straftat – Tatzeuge
6. Uhrzeit – Zeitzone
7. Versteckspiel – Spielzeug
8. Geheimcode – Codename
9. Erpresserbrief – Briefkasten
10. Gesetzbuch – Buchregal

Seite 16

Seite 18

six

nine

eight

ten

three

five

four

seven

one

two

Seite 19

„Ich heiße Sherlock **Holmes** und wohne in der Baker **Street** 221b in London. Meine **Aufgabe** ist es zu wissen, was andere Leute nicht wissen. Ich bin **Experte** im **Beobachten**. In meiner Freizeit studiere ich die **Chemie**. Außerdem spiele ich ziemlich gut **Geige**. Was dich betrifft, junger **Detektiv**: Du siehst, aber du beobachtest nicht. Für einen großen **Verstand** ist nichts zu klein. Und wenn du alle logischen **Lösungen** eines Problems ausgeschlossen hast, ist die unlogische, obwohl unmöglich, die richtige."

Seite 20

1. vierundzwanzig < 25
2. $8 \cdot 9 > 71$
3. hundertsiebenundfünfzig < 248
4. siebenhundertneunundzwanzig $= 700 + 29$
5. $6 \cdot 17 < 16 \cdot 7$
6. fünf $\cdot$ hundertachtzehn $>$ fünfhundertachtzehn
7. $73 + 136 < 21 \cdot 10$
8. $8 \cdot 11 =$ vier $\cdot$ zweiundzwanzig
9. drei $\cdot$ zwölf $+$ dreizehn $= 7 \cdot 7$
10. $100 : 4 <$ sechsundneunzig $:$ drei

Seite 21

1. der Hubschrauber, 2. der Eindringling,
3. die Dämmerung, 4. die Banane,
5. die Tatsache, 6. die Urkunde, 7. der Ganove,
8. das Abzeichen, 9. das Dokument,
10. die Strategie

Seite 22–23

1.
```
H A I R
H E A T
  L I S T
  P L A N
```

2.
```
    T E A M
    M A I L
B O S S
W O R K
```

3.
```
M A S K
  R I S K
    G A M E
R A I N
```

4.
```
  C I T Y
P L O T
  D E A L
  L E A D
```

5.
```
C A S H
  E X I T
G O L D
K N E E
```

6.
```
S N O W
    T I M E
  E A R S
    H E R O
```

7.
```
V I E W
K E Y S
  B E A R
    S A F E
```

8.
```
N A M E
C H I P
L I N K
B I R D
```

 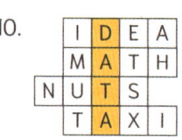

9.
```
N E W S
F A C T
  C A L L
T E N T
```

10.
```
I D E A
M A T H
N U T S
T A X I
```

Seite 24

1. **7** · 12 = 84
2. 100 : **5** = 20
3. 6 · 9 = **54**
4. **11** · 11 = 121
5. 240 : **12** = 20
6. **8** · 14 = **112**
7. 252 : **21** = 12
8. **16** · 6 = **96**
9. 248 : 4 = **62**
10. 325 : **13** = 25

Seite 26

1. Lüge, 2. Schlüssel, 3. Unfall, 4. Telefon,
5. Polizist, 6. Sonnenbrille, 7. Taschenmesser,
8. Kamera, 9. Pinzette, 10. Alibi

Lösungswort: Armbanduhr

Seite 27

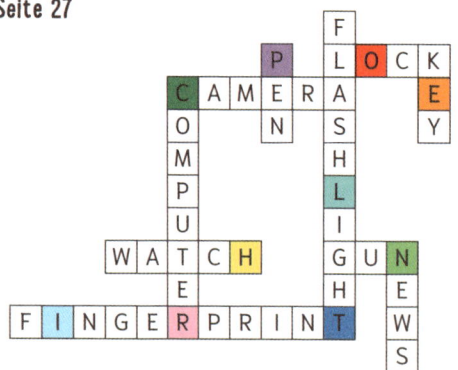

Lösungswort:

```
H E L I C O P T E R
```

Seite 28

1. 4 7 10 13 16 19 22 **25**
   Regel: **+ 3**

2. 201 192 183 174 165 156 147 **138**
   Regel: **- 9**

3. 13 27 41 55 69 83 97 **111**
   Regel: **+ 14**

4. 8 9 11 14 18 23 29 **36**
   Regel: **+ 1, + 2, + 3, + 4, + 5, + 6, + 7**

5. 346 335 328 317 310 299 292 **281**
   Regel: **- 11, - 7**

6. 9 13 26 30 60 64 128 **132**
   Regel: **+ 4, · 2**

7. 3 9 5 15 11 33 29 87 **83**
   Regel: **· 3, - 4**

8. 81 27 108 36 144 48 192 **64**
   Regel: **: 3, · 4**

9. 12 2 14 4 **28** 18 126 **116**
   Regel: **- 10, · 7**

10. 125 250 150 **300** 200 400 300 **600**
    Regel: **· 2, - 100**

Seite 30–31

1. Morgen Nachmittag spielen wir Tischtennis.
   (Nach jedem Buchstaben den Buchstaben u einfügen.)

2. Der Hausmeister war es.
   (In jedem Buchstabenpäckchen wird nur der mittlere Buchstabe gelesen.)

3. Komm morgen vor der Schule zu mir.
   (Jedes Wort rückwärts schreiben.)

4. Wir treffen uns um Mitternacht an der alten Eiche.
   (Satz und jedes Wort rückwärts schreiben.)

5. Das Codewort lautet Gänseblümchen.

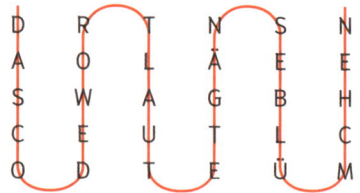

6. Heute Abend gibt es Schokoeis zum Nachtisch.
   (Alle Vokale löschen.)

7. Der Dieb fährt ein rotes Motorrad.
   (Jedes Wort rückwärts schreiben und nach
   jedem Wort den Buchstaben y einfügen.)

8. Um Mitternacht gehen wir ins Museum.
   (Vor jedem Buchstaben steht ein falscher.)

9. Am Dienstag schreiben wir eine Mathearbeit.
   (Jeder Buchstabe des Alphabets entspricht
   der Zahl seiner Stelle: A = 1, B = 2 usw.)

10. Ich verstecke den Brief im Blumentopf.
    (Jeden Buchstaben mit dem Folgebuchstaben
    im Alphabet ersetzen.)

Seite 32

Kind	1	2	3	4
Name	Leon	Emma	Paul	Mia
Art des Rades	Klapprad	Rennrad	BMX-Rad	Mountainbike
Farbe des Rades	blau	gold	orange	rot

Das Mountainbike gehört Mia.

Seite 34

1. Tatmotiv, 2. Maßband, 3. Stempelkissen,
4. Tafelkreide, 5. Reifenspur, 6. Handschuh,
7. Geheimsprache, 8. Meisterdetektiv,
9. Zeugenaussage, 10. Beweismaterial

Seite 35

1. $227 - 178 = 49$
2. $49 : 7 = 7$
3. $49 - 42 = 7$
4. $42 : 7 = 6$
5. $7 + 6 + 49 - 42 = 20$
6. $20 \cdot 2 + 9 = 49$
7. $9 \cdot 20 - 42 - 49 - 41 = 48$
8. $48 \cdot 6 : 24 = 12$
9. $12 \cdot 48 : 6 = 96$
10. $7 \cdot 96 : 2 = 7 \cdot 48 = 336$

49	7	42	6	20	9	48	12	96	2

Seite 36-37

1. informer, 2. punishment, 3. pickpocket,
4. helicopter, 5. eyewitness, 6. handcuffs,
7. investigation, 8. evidence, 9. crime scene,
10. magnifier

Seite 38-39

1. + 5. Spionage, 4. + 8. Alphabet, 2. + 14. Polizist,
6. + 20. Maulwurf, 9. + 19. Dokument, 11. + 7. Ein-
bruch, 10. + 15. Alarmruf, 18. + 16. Deckname,
13. + 12. Auskunft, 17. + 3. Reporter

Seite 40

1. See, 2. Esel, 3. Eltern, 4. Ananas, 5. Seestern,
6. Angst, 7. Regentag, 8. Transport, 9. Topagent,
10. Angelsport

1.	2.	3.	4.	5.	6.	7.	8.	9.	10.
A	E	G	L	N	O	P	R	S	T

Seite 41

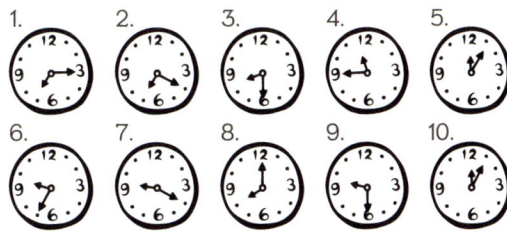

Für Detektivin Denkfix ist der Fall klar: Der Haus-
meister hat die geheimen Unterlagen gestohlen.

Seite 42-43

1.
3	4	2	1
2	1	3	4
1	2	4	3
4	3	1	2

2.
4	2	1	3
1	3	4	2
3	1	2	4
2	4	3	1

3.
1	2	3	4
3	4	2	1
2	1	4	3
4	3	1	2

4.
4	3	2	1
2	1	3	4
3	4	1	2
1	2	4	3

5.
2	4	3	1
3	1	2	4
1	3	4	2
4	2	1	3

6.
2	1	3	4
4	3	2	1
3	4	1	2
1	2	4	3

7.
2	4	1	3
1	3	4	2
3	1	2	4
4	2	3	1

8.
4	1	2	3
2	3	4	1
3	4	1	2
1	2	3	4

9.
4	1	2	3
3	2	1	4
1	3	4	2
2	4	3	1

10.
2	3	4	1
4	1	2	3
3	4	1	2
1	2	3	4

1–A, 2–B, 3–B, 4–A, 5–B, 6–A, 7–B, 8–A, 9–B, 10–A

Seite 46

			S	P	Y	B	I			
		E	E	M	X	N	P	T	D	G
	D	A	N	G	E	R	K	O	P	P	Ö
A	T	Y	C	L	W	P	R	F	O	P	R	R
C	A	W	O	U	A	E	R	F	P	O	T	E
Ä	T	R	T	D	A	C	K	N	I	M	L	I	T	K
S	I	N	S	E	D	E	T	E	C	T	I	V	E	K
Y	O	U	U	T	V	Z	O	D	E	U	C	G	E	I
G	N	N	S	Z	E	B	R	H	R	L	E	S	O	O
F	T	G	P	M	N	Q	K	B	E	W	E	I	S	M
A	G	E	N	T	W	X	G	V	U	P	P	I
R	V	C	T	U	D	S	E	C	R	E	T	Y
X	T	I	R	O	M	N	N	F	Q	T
K	V	E	Z	N	J	D	R	X
Ü	G	H	N	P

Seite 48–49

1.
D	I	E	B
H	I	E	B
H	I	E	R
H	E	E	R
H	E	R	R

2.
Z	A	U	N
Z	A	H	N
Z	A	H	M
L	A	H	M
L	E	H	M

3.
G	O	L	D
G	E	L	D
H	E	L	D
H	E	R	D
H	E	R	Z

4.
B	A	R	T
H	A	R	T
H	O	R	T
H	O	R	N
H	O	H	N

5.
B	A	U	M
Z	A	U	M
Z	A	H	M
Z	A	H	N
Z	E	H	N

6.
B	O	S	S
B	A	S	S
H	A	S	S
H	A	S	T
H	A	U	T

7.
L	U	F	T
L	U	S	T
L	A	S	T
H	A	S	T
H	A	S	E

8.
N	U	S	S
N	A	S	S
F	A	S	S
F	A	S	T
F	A	K	T

9.
M	O	D	E
M	A	D	E
W	A	D	E
W	A	R	E
W	A	R	T

10.
L	A	U	B
L	A	U	T
H	A	U	T
H	A	F	T
H	E	F	T

Seite 50

Bleistift = 5 g, Sonnenbrille = 15 g,
Hühnerei = 60 g, Buch = 400 g, Pullover = 600 g,
Meerschweinchen = 1500 g, Fahrrad = 12 kg,
Waschmaschine 80 kg, Pferd = 500 kg, Auto = 1 t

1.
11	12	13
21		
31	32	33

2.
8	9	10
18	19	20
28		30

3.
34	35	36
44		46
54		56

4.
4		
14		
24	25	26

5.
41		43
51		53
61	62	63

6.
64	65	66
74	75	
84		

7.
17		
27		
37	38	39

8.
71	72	73
81	82	83
		93

9.
47		
57	58	
67	68	69

10.
78		
87	88	89
97	98	99

Seite 54–55

1.

9	−	2	=	7
+		+		+
27	−	5	=	22
=		=		=
36	−	7	=	29

2.

51	+	8	=	59
−		+		−
21	−	17	=	4
=		=		=
30	+	25	=	55

3.

64	−	16	=	48
+		+		+
14	−	5	=	9
=		=		=
78	−	21	=	57

4.

3	+	39	=	42
+		+		+
63	+	4	=	67
=		=		=
66	+	43	=	109

5.

11	·	2	=	22
·				·
3	·	2	=	6
=		=		=
33	·	4	=	132

6.

36	:	4	=	9
:				·
4	·	2	=	8
=		=		=
9	·	8	=	72

7.

6	·	2	=	12
·				·
2	·	8	=	16
=		=		=
12	·	16	=	192

8.

224	:	14	=	16
:		:		:
56	:	7	=	8
=		=		=
4	:	2	=	2

9.

4	·	9	=	36
·				·
4	·	2	=	8
=		=		=
16	·	18	=	288

10.

864	:	18	=	48
:		:		:
12	:	2	=	6
=		=		=
72	:	9	=	8

Seite 56

1. Tat, 2. Frühling, 3. Diebstahl, 4. Fahrzeug,
5. Drohne, 6. Möhre, 7. Verhör, 8. Armbanduhr,
9. Kriminialfall, 10. Spurensicherung

Lösungswort: Einbrecher

Seite 57

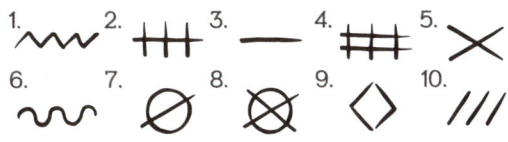

Lösungswort: dekodieren

Seite 58-59

1. Spurensuche, 2. Tatzeit, 3. Datenbank,
4. Computer, 5. Komplize, 6. Morsecode,
7. Deckname, 8. Fahndung, 9. Beschattung,
10. Geheimdienst

Seite 60

1–B HAT, 2–D KEY, 3–H COMB, 4–A VIOLIN,
5–G GLASSES, 6–C SKULL, 7–F WATCH,
8–I MATCHES, 9–E UMBRELLA, 10–J PENKNIFE

Seite 62-63

1. Tom.
2. Ein Junge erhält seine Birne im Korb.
3. Mit den Sachen haben Kinder im Winter
   einen Schneemann gebaut. Im Frühling ist
   der Schneemann geschmolzen und der Hut,
   die Karotte, die Kohlestücke und der Besen
   sind auf der Wiese zurückgeblieben.
4. Der Bauer ist eine Spielfigur bei einem
   Schachspiel und wird vom Springer, der
   aussieht wie ein Pferd, geschlagen.
5. 15 Personen sind im Zug. 14 Fahrgäste
   und der Fahrer.
6. Jonathan.
7. Jeder Würfel hat acht Ecken.
   Also haben sechs Würfel 48 Ecken.
8. Herr Blau trägt den grünen Hut. Herr Grün
   trägt nicht den blauen Hut, da dieser seinem
   Grün den roten Hut. Der Rest ergibt sich
   automatisch, da niemand seine eigene
   Farbe trägt.
9. Drei.
10. Nach 24 Tagen.

Seite 64

Rudi Riecher legte insgesamt 909,5 km zurück.

Seite 65

1. **W A L L** E T, 2. **C A P** T A I N, 3. **C H A T**,
4. **L I N K**, 5. **C R I M E**, 6. **F E A R**, 7. **B A D** G E,
8. P O L **I C E**, 9. A R **R E S T**, 10. P R **I S O N**

Seite 66

Seite 68

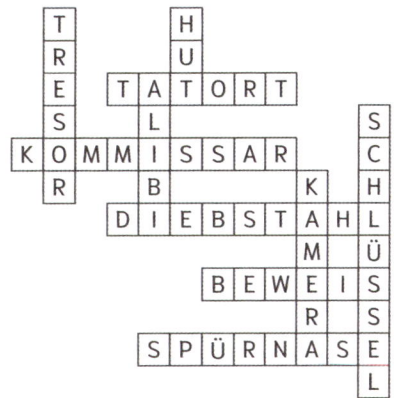

Seite 69

eye – spy, free – see, time – crime, chief – thief,
hand – band, show – no, fear – near, sock – clock,
take – cake, man – can

Seite 70

1. die Fährte, 2. der Zeuge, 3. das Verhör,
4. der Steckbrief, 5. die Tarnung, 6. der Inspektor,
7. das Phantombild, 8. das Hauptquartier,
9. die Spurensicherung, 10. der Lügendetektor

Seite 72

1. **4** + 4 + 10 - 12 + 8 - 5 + 9 = 18
2. **7** · 7 - 2 + 8 + 5 : 5 + 14 = 70
3. **2** · 3 + 3 · 4 + 19 - 5 + 2 = 34
4. **5** + 29 + 68 - 8 - 31 + 11 - 39 = 35
5. **3** · 8 : 2 - 2 + 7 + 6 · 3 = 35
6. **10** : 2 - 5 : 1 + 24 : 8 - 2 = 1
7. **8** · 10 - 3 · 5 + 36 : 12 - 48 = 20
8. **6** · 4 + 44 : 11 + 56 : 8 + 19 = 54
9. **9** : 3 + 12 · 5 + 112 : 8 · 7 = 161
10. **1** + 68 + 36 : 4 · 12 - 21 : 7 = 174

Bibliografische Information der Deutschen Nationalbibliothek

Die Deutsche Nationalbibliothek verzeichnet diese Publikation in der Deutschen Nationalbibliografie; detaillierte bibliografische Daten sind im Internet über http://dnb.dnb.de abrufbar.

Das Wort **Duden** ist für den Verlag Bibliographisches Institut GmbH als Marke geschützt.

Kein Teil dieses Werkes darf ohne schriftliche Einwilligung des Verlages in irgendeiner Form (Fotokopie, Mikrofilm oder ein anderes Verfahren), auch nicht für Zwecke der Unterrichtsgestaltung, reproduziert oder unter Verwendung elektronischer Systeme verarbeitet, vervielfältigt oder verbreitet werden.

Alle Rechte vorbehalten. Nachdruck, auch auszugsweise, nicht gestattet.

© Duden 2021 D C B A

Bibliographisches Institut GmbH, Mecklenburgische Straße 53, 14197 Berlin

Redaktionelle Leitung Ina Koslowski
Redaktion Christina Braun
Autorin Janine Eck
Illustrationen Merle Goll (Rahmen: S. 7, 29 / Meine Top10!-Buttons: S. 7, 17, 25, 29, 33, 47, 51, 61, 67, 73), Karoline Jakubik (Rahmen: S. 14, 40), Sabine Mielke (Rahmen: S. 65, 72 / Mach10!-Sticker) vom Atelier Unterseecafé
Herstellung Maike Häßler
Layout und Satz Atelier Unterseecafé – Merle Goll, Karoline Jakubik und Sabine Mielke
Umschlaggestaltung Atelier Unterseecafé – Sabine Mielke
Umschlagillustration Atelier Unterseecafé – Sabine Mielke (Detektiv, Hund, Hüte), Nadya Krupina/Shutterstock.com (Blutfleck, Sheriffstern, Fingerabdrücke, Leichenumriss), Nikolaeva/Shutterstock.com (Notizzettel), Alena Gridushko/Shutterstock.com (Fuß- und Handabdruck, Handschellen, Brille, Reagenzglas, Schlüssel, Pfeife), Sashtigar/Shutterstock.com (Fimrolle, Fotoapparat)
Druck und Bindung Heenemann GmbH & Co. KG, Bessemerstraße 83–91, 12103 Berlin
Printed in Germany

ISBN 978-3-411-72038-5
www.duden.de